This Book Belongs to:
_____

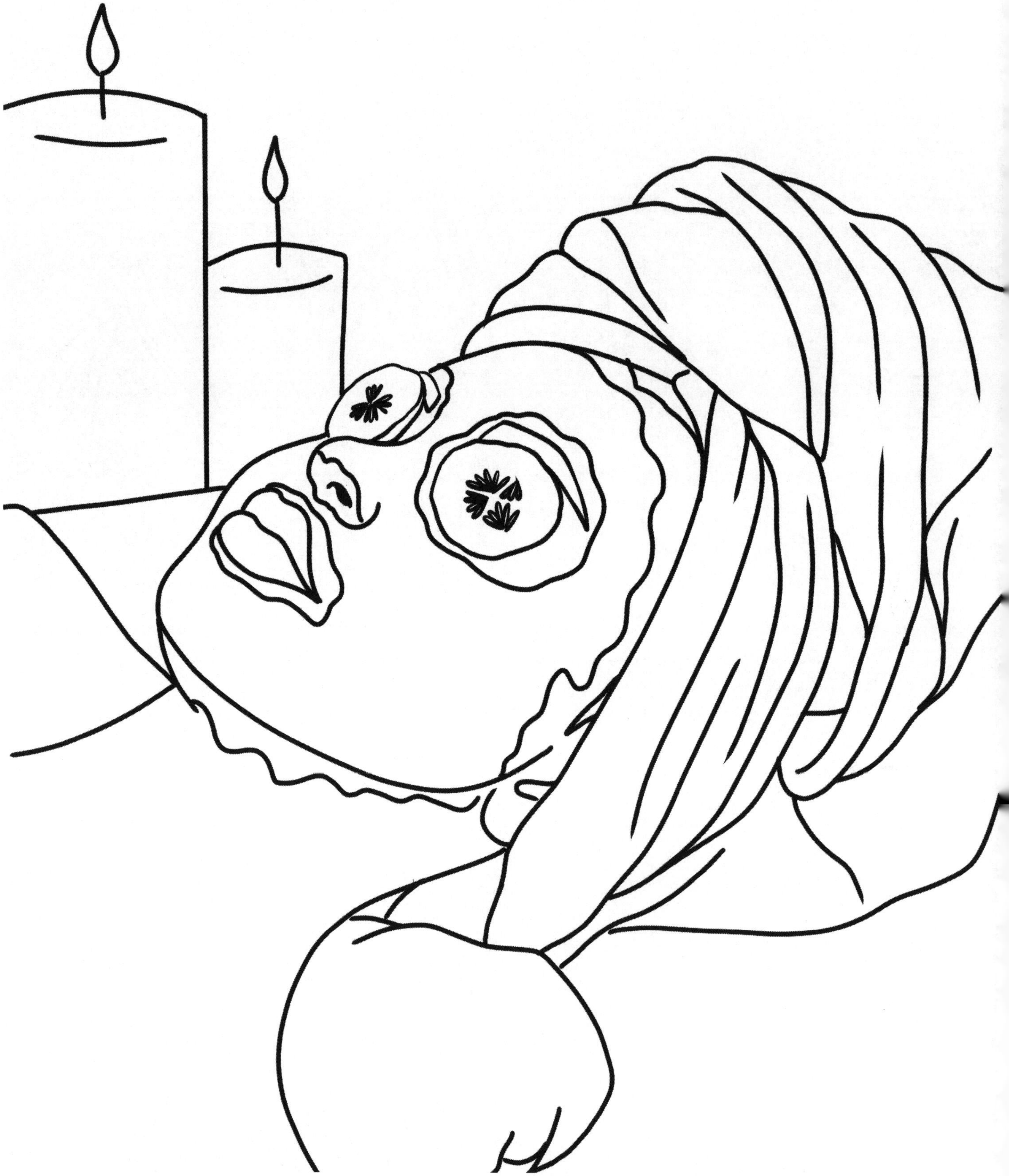

Breathe

Unscramble

1. TRASIIFAMNFO _____
2. ON GOSKMIN _____
3. ESREXIEC _____
4. PYARTHE _____
5. COILAS _____
6. HSCPLIAY _____
7. BAIEELLR _____
8. EMOITLOAN _____
9. NALERITN _____
10. SICITAEVTI _____
11. CINPGO _____
12. SLFE CERA _____
13. ACNIFNLAI _____
14. AENLTM _____
15. AGOSL _____
16. GWKALIN _____
17. UHLAG _____
18. LUASTRIIP _____
19. GMWIMNSI _____
20. ELWNSESL _____

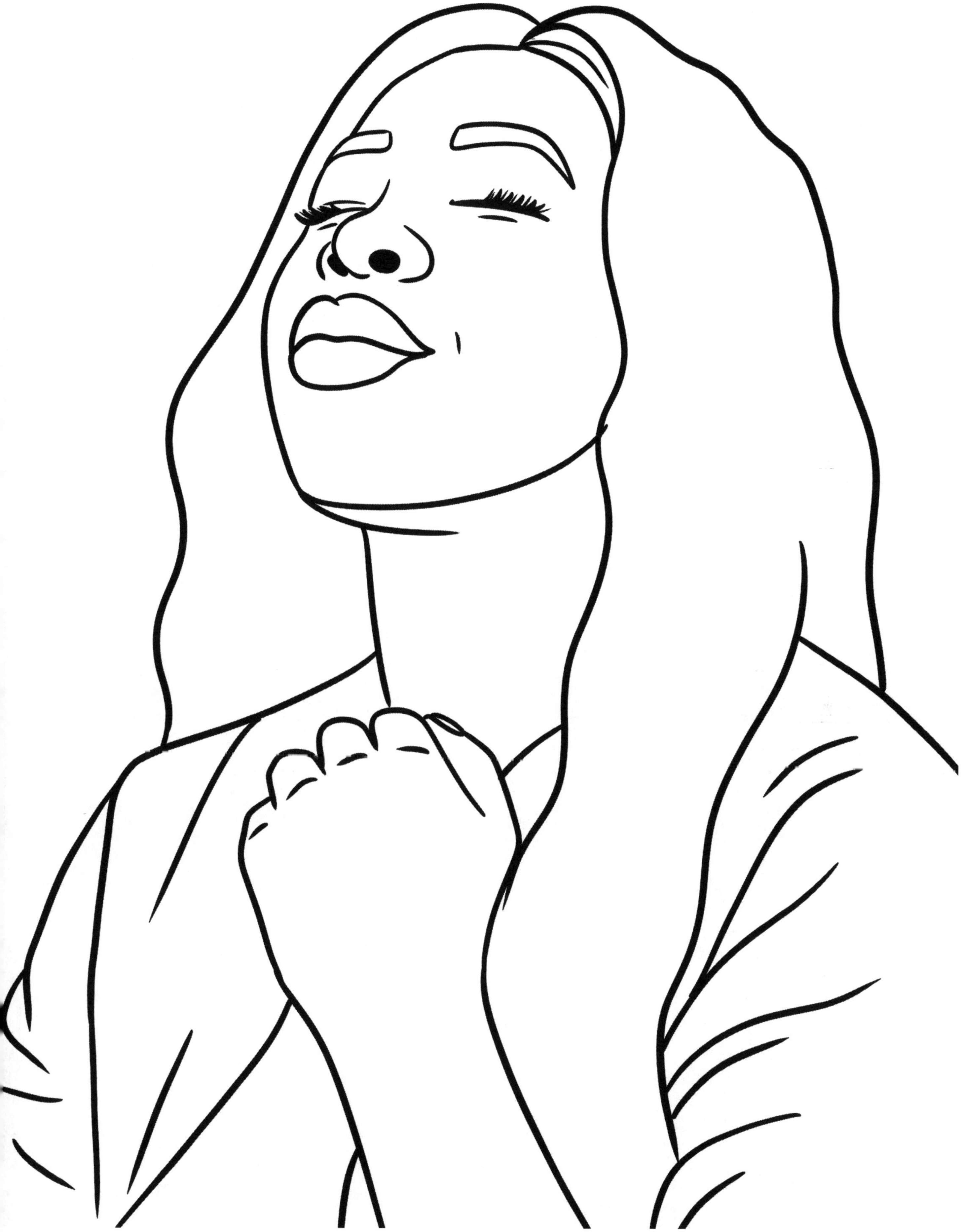

Self-Care

Maze

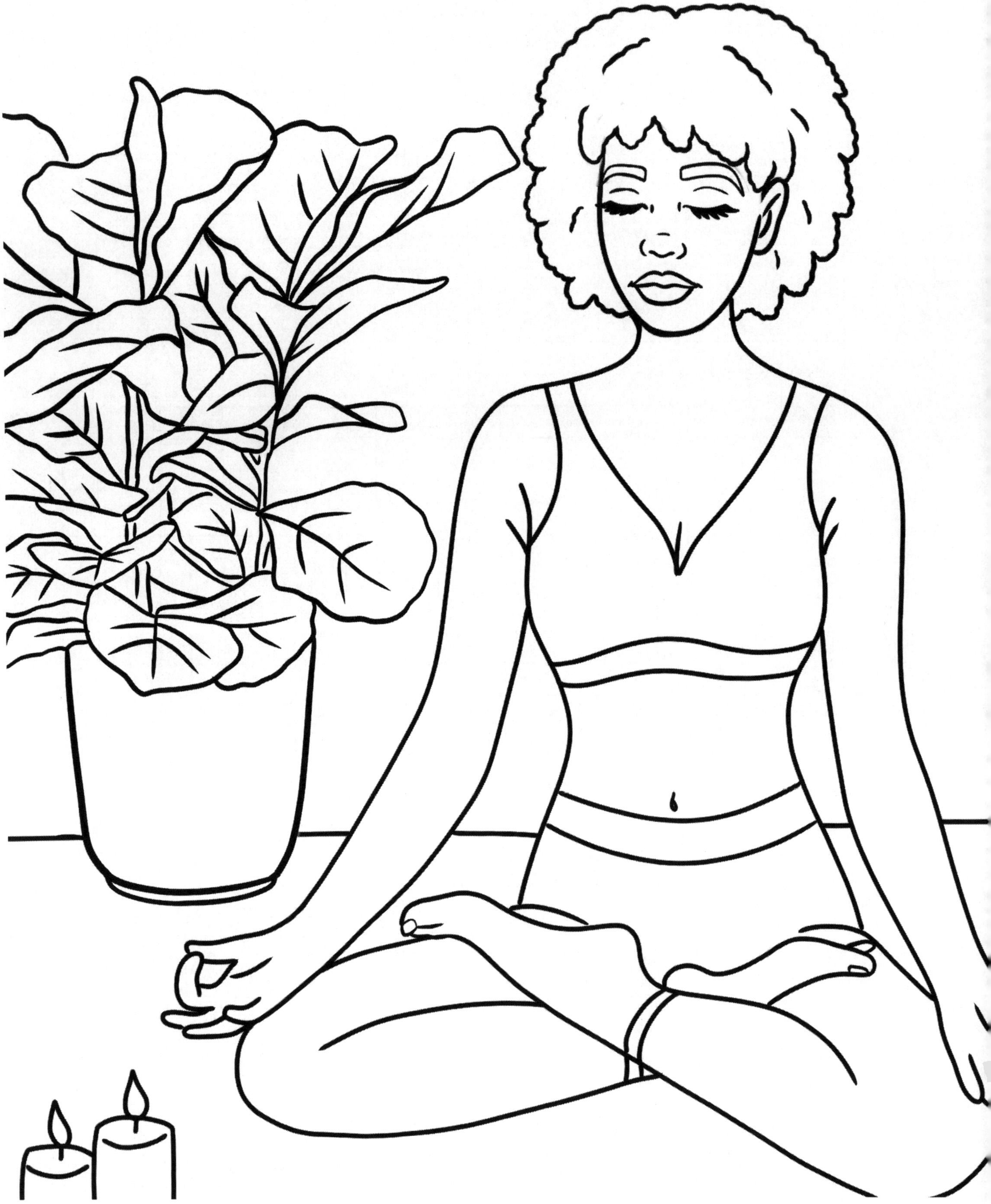

Mental Health Matters

Sudoku

2		1					4	8
	9							
6				4				
7								3
	5	2						
	1	9			2	6	5	
5				2				
			8			4		
		8		3	4			

Fill in the puzzle so that every row across, every column down and every 9 by 9 box contains the numbers 1 to 9.

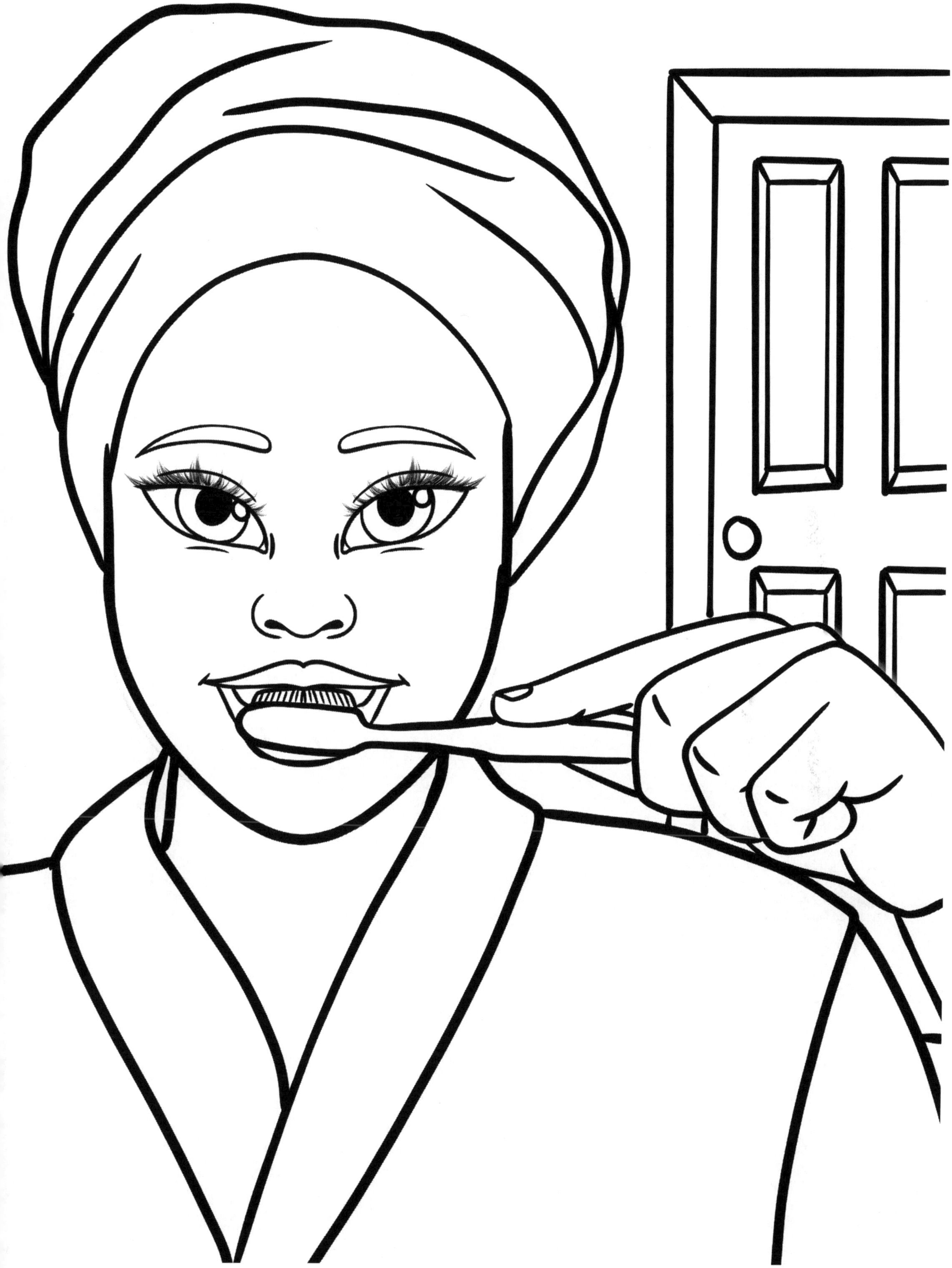

Make Yourself A Priority

Maze

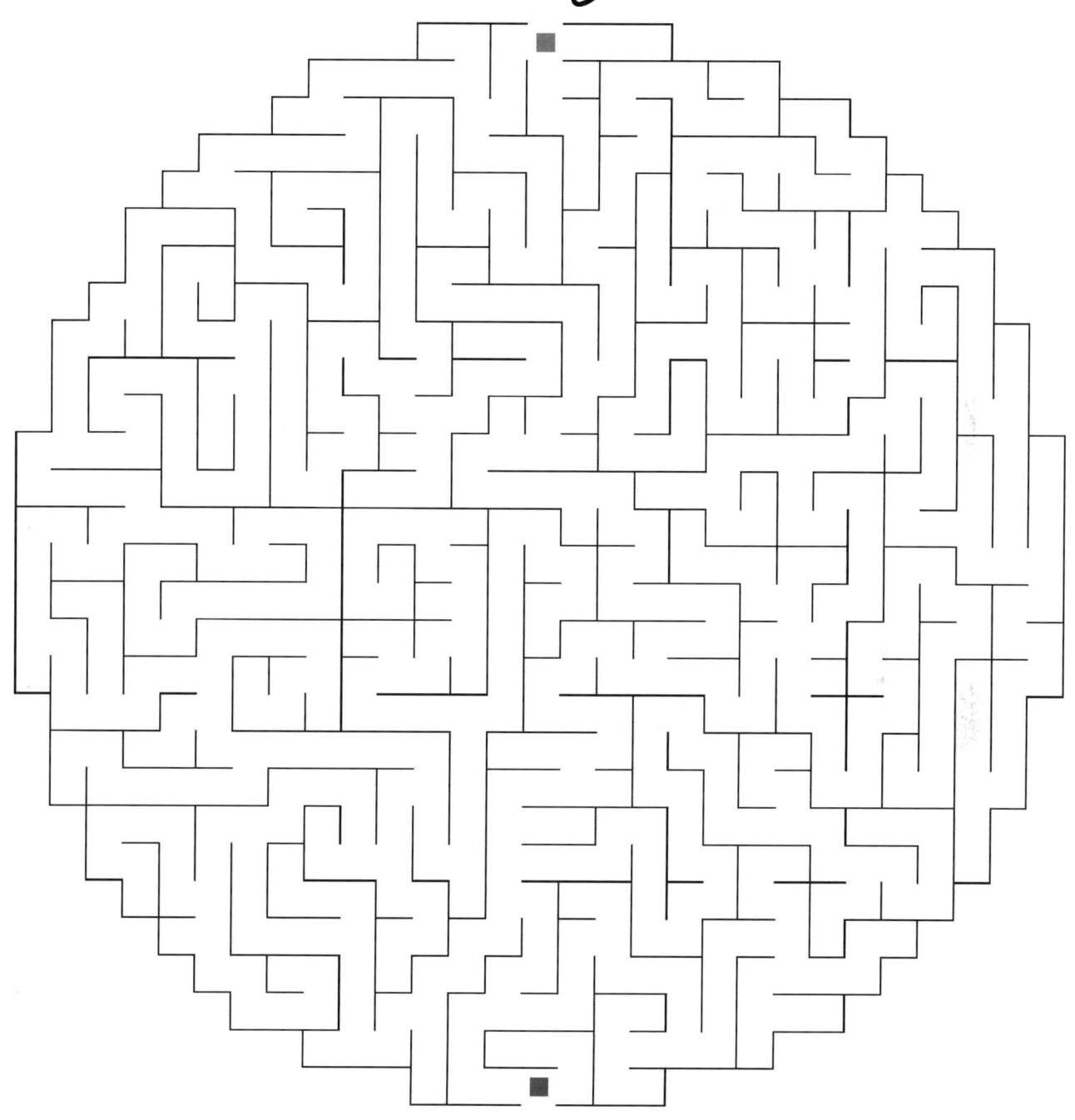

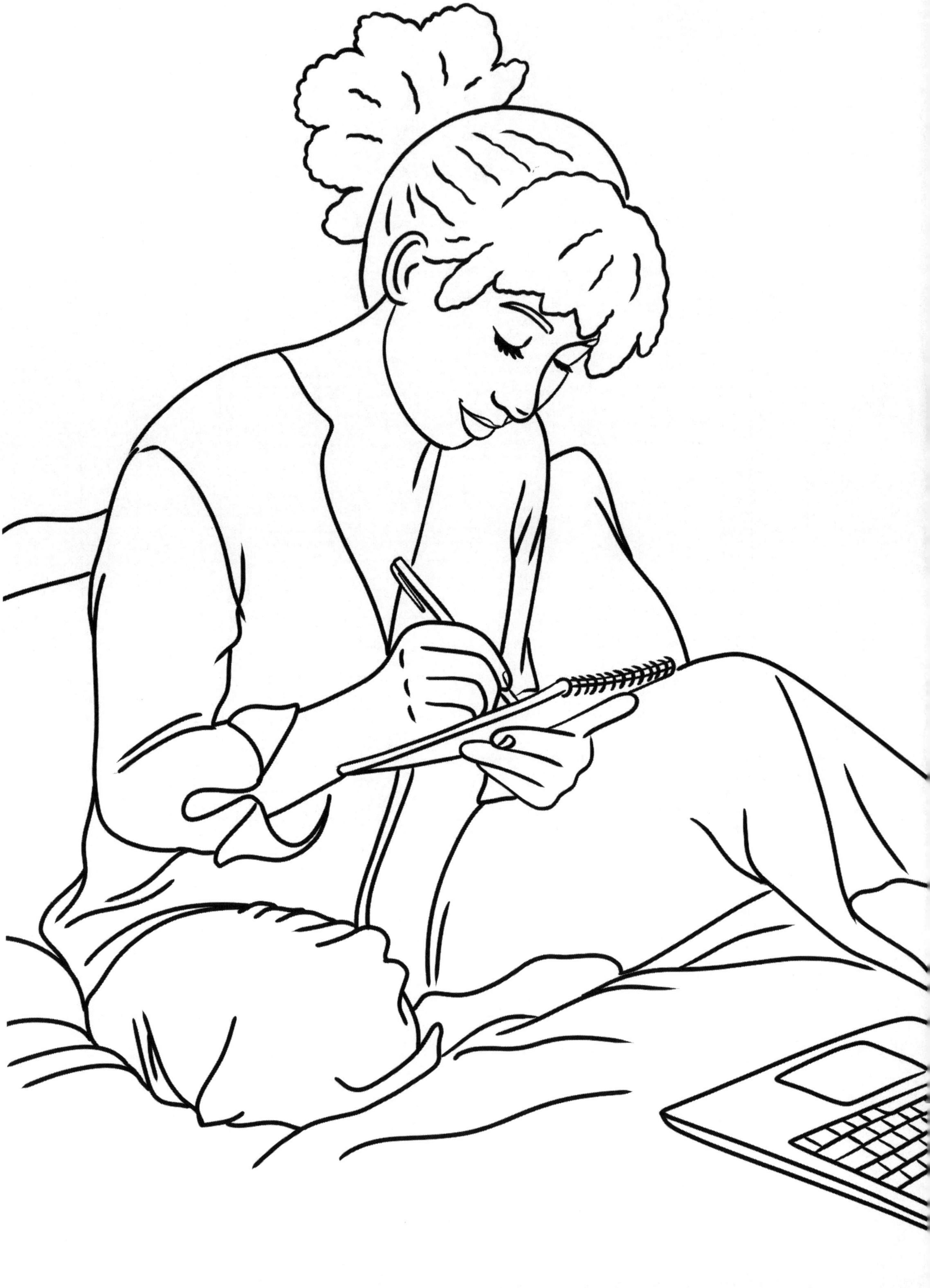

ONE
TASK
AT
A
TIME

Word Search

```
C H C Q G H U C M Z B E W C D B E V V W M B Y R L V B B W
H M J F G W T K Z G W E A U C F H D P G V B G G N P A O K V
H I V J R J A H W E N U M N X L I I H O T I W W J W B U T K
M A J A R L H P O P V V C I P I L C S L V F X P S K A Y V C
G O X G F R A R F G C Y A D H N E R A C F L E S F N O A R J
S F Q Y S I H F M X S D B K W R J S O E U E N I F F Z B L Z
A T P M W J Z J I I V I L W G L P L M F W K P I J G Z W H A
W V Y O K O J T I L D O F R I E N D S V N F X T D R H O O D
M J F B A X D J X A H F E F J A B V F J H R K T Q V V H H F
A X L K K A D N P S B T C X M Q U J O D O Y W L O E H V Q P
O P Z R T L W V T L R Y V H L G X H Q H K W Y F R T A V R I
V U M R B C Q I D P T G O P A V I X P J Z O M F K K A I V O
S M C C I P B U G Q V L L R S I R A I Q C G L P P Z O Z S L
W L Z P O A E E E O I S Q U D K H J F I C O N Q A R W V I G
Z M T M H M K A I S P G W D H N R P R G W P P X I X N H Q M
F A R D L S A D T G V T W E G B Z K V E L R W T Y N L N M M
Y V O Q L F S I Y H M E D I T A T E F Y F E I V K U S Q B F
Y O M J B Y C O F X R N W E A R A W L U Y Z L X T M K W X H
G P S I S Q R Y H N I U H H L L P D R C E M Z W Q L A J F C
A K A F F I R M A T I O N S S J J U E C C G N I N A E L C J
P W O R X U E N S M B Q R A A P K A R O N L W G X L H I R V
J C I U N S J K I F S C O C L P T V I A B U N D A N C E G A
H X L W T T Z T N T J B C M C K O T Y M E F W U M L N D G I
L B T A J T M Y H G O K W F L L Y A O U O U L O Z S S Y T W
E A B W N B M M F Q F V Q G T R A B Y X V K B S G U Z H X W
K N T D N R F E Z L M P U L X Z N D J C B I B O Y X E B W C
B E V J Q X E D C J E O O L U E F P J O X L Z J K R R V C G
Y S G K T A H T O R H K K H M G K Z G K E V I G A R B A K M
I S N Q N K I P N Z Y U U W J K H K Q U W I P C L T W V R
C M X S S Z K M G I J G U D W E M P J F Q H Y S Z I L O V E
```

AFFIRMATIONS	SELFCARE	LOVE	CLEANING
GOODHABITS	PRIORITIZE	GIVE	OVERFLOW
ABUNDANCE	THERAPY	FRIENDS	HOLISTIC
INTERNAL	MEDITATE		

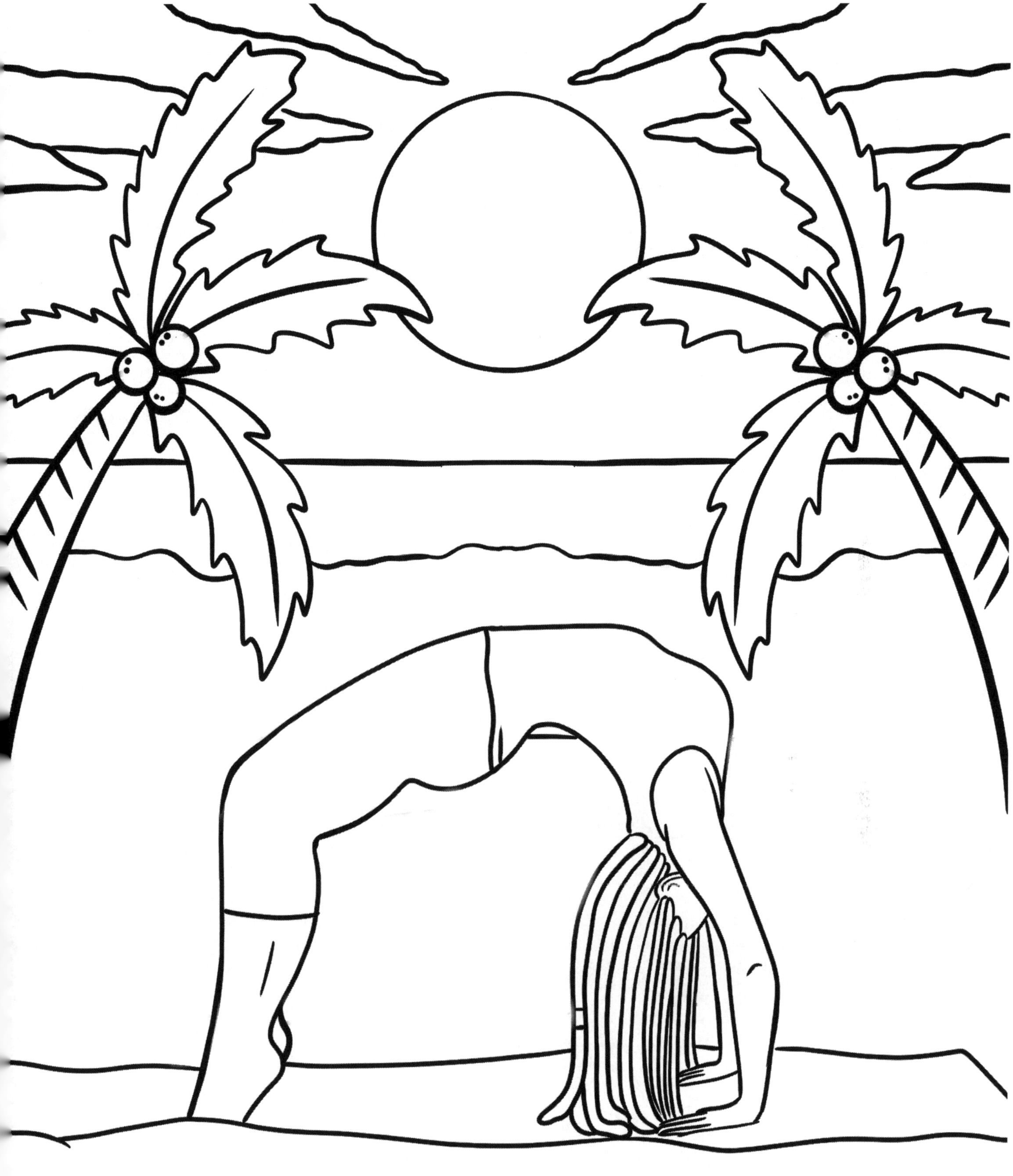

BE GENTLE WITH YOURSELF

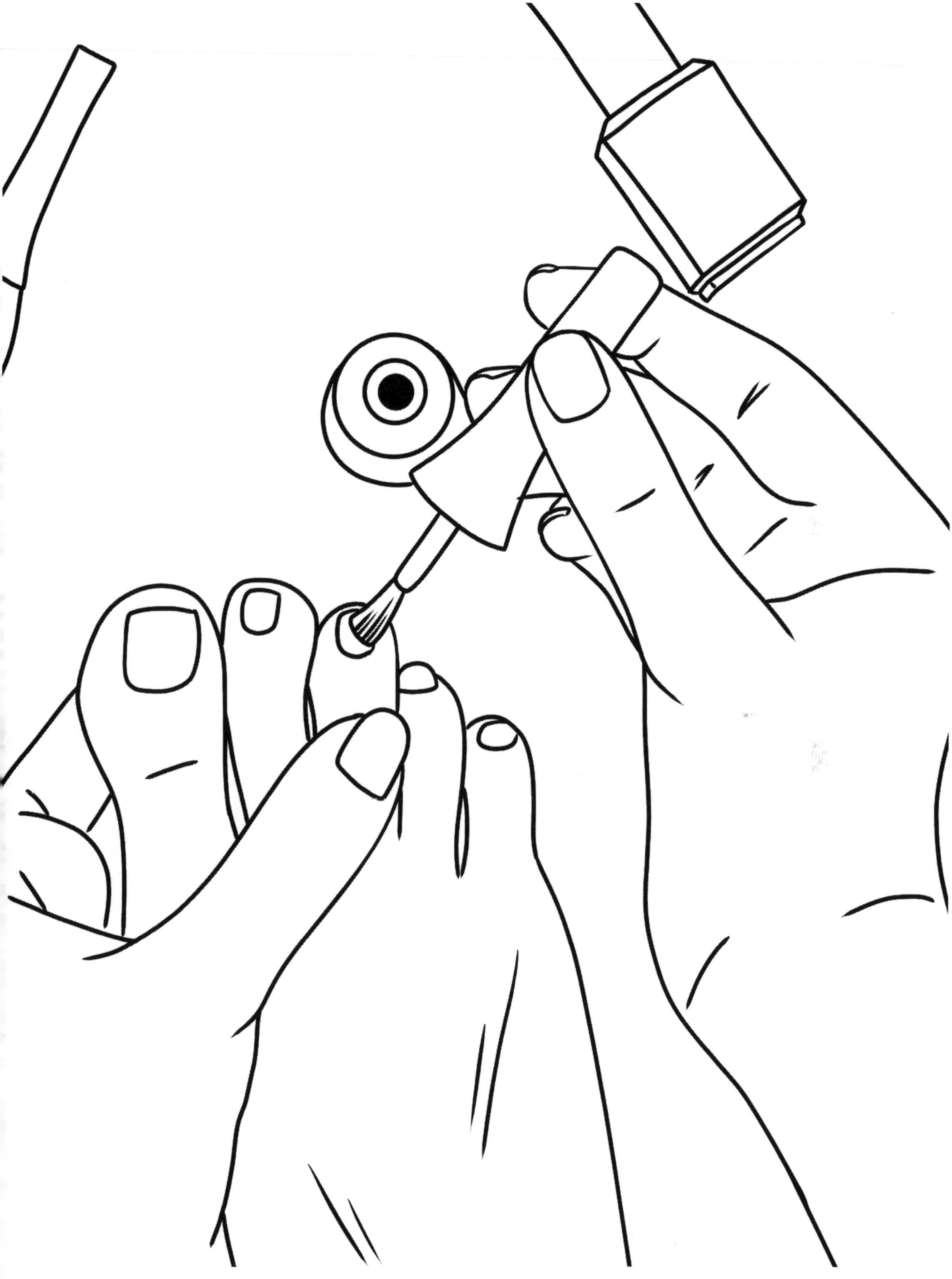

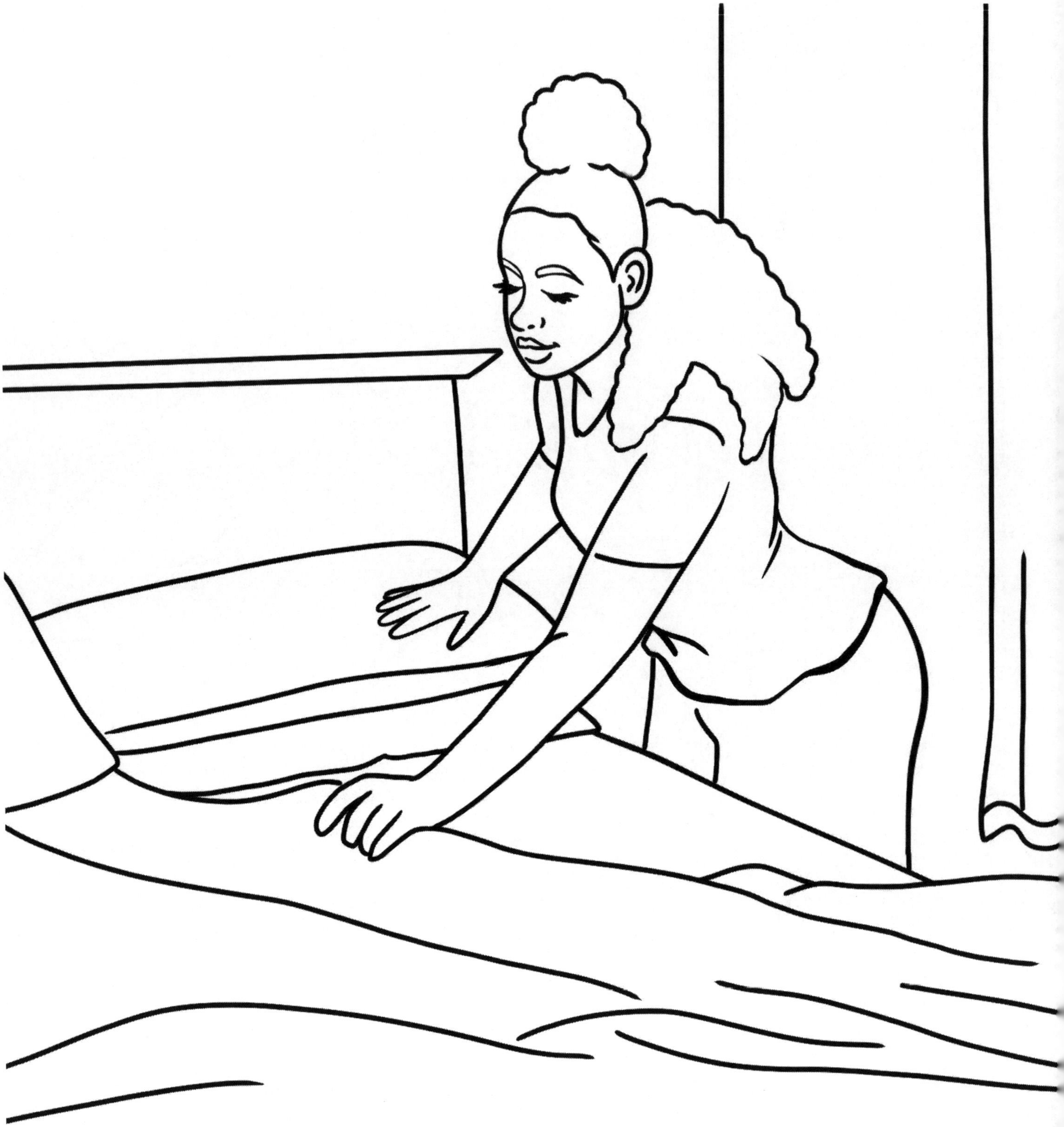

If It Cost Your Peace, It's Too Expensive

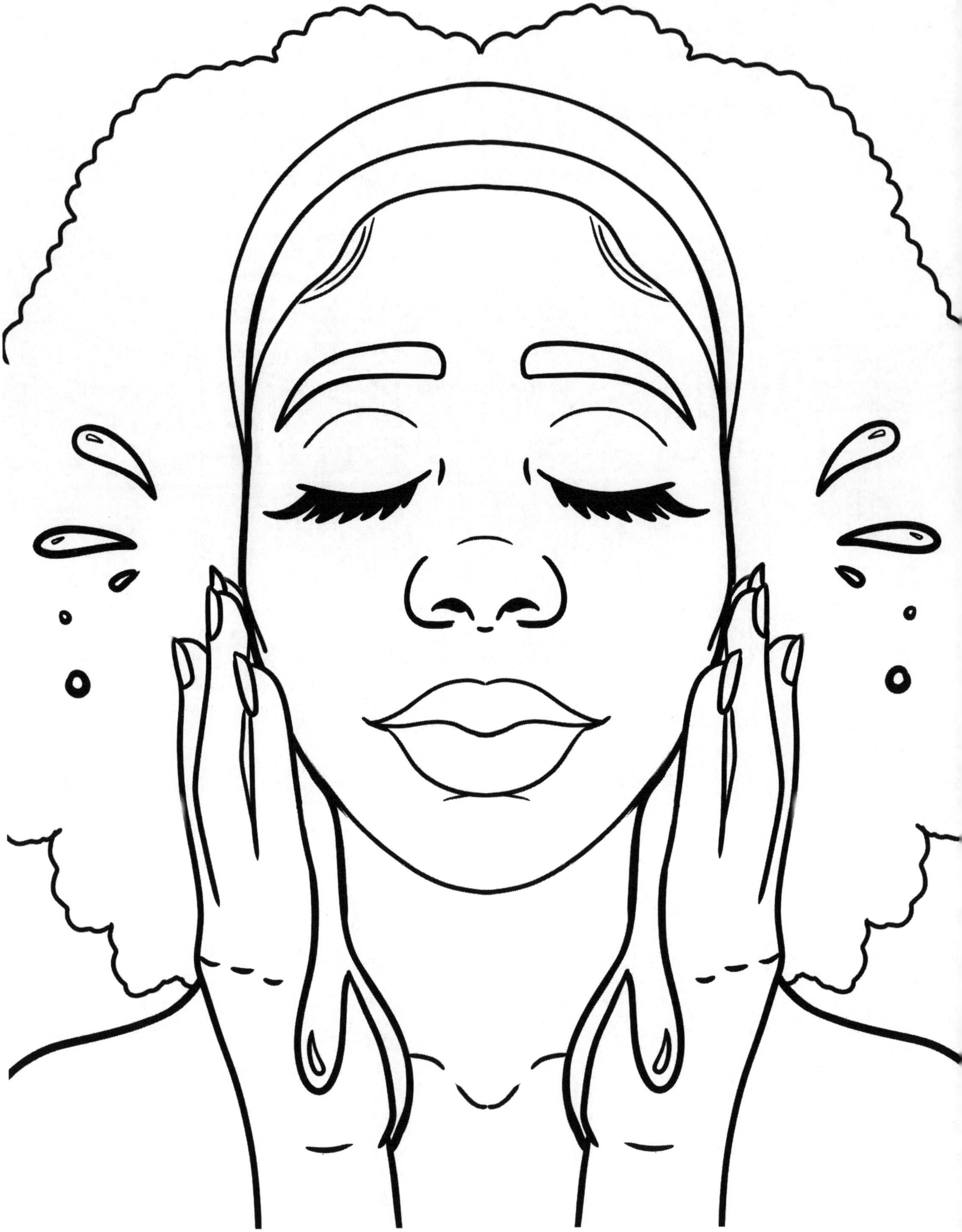

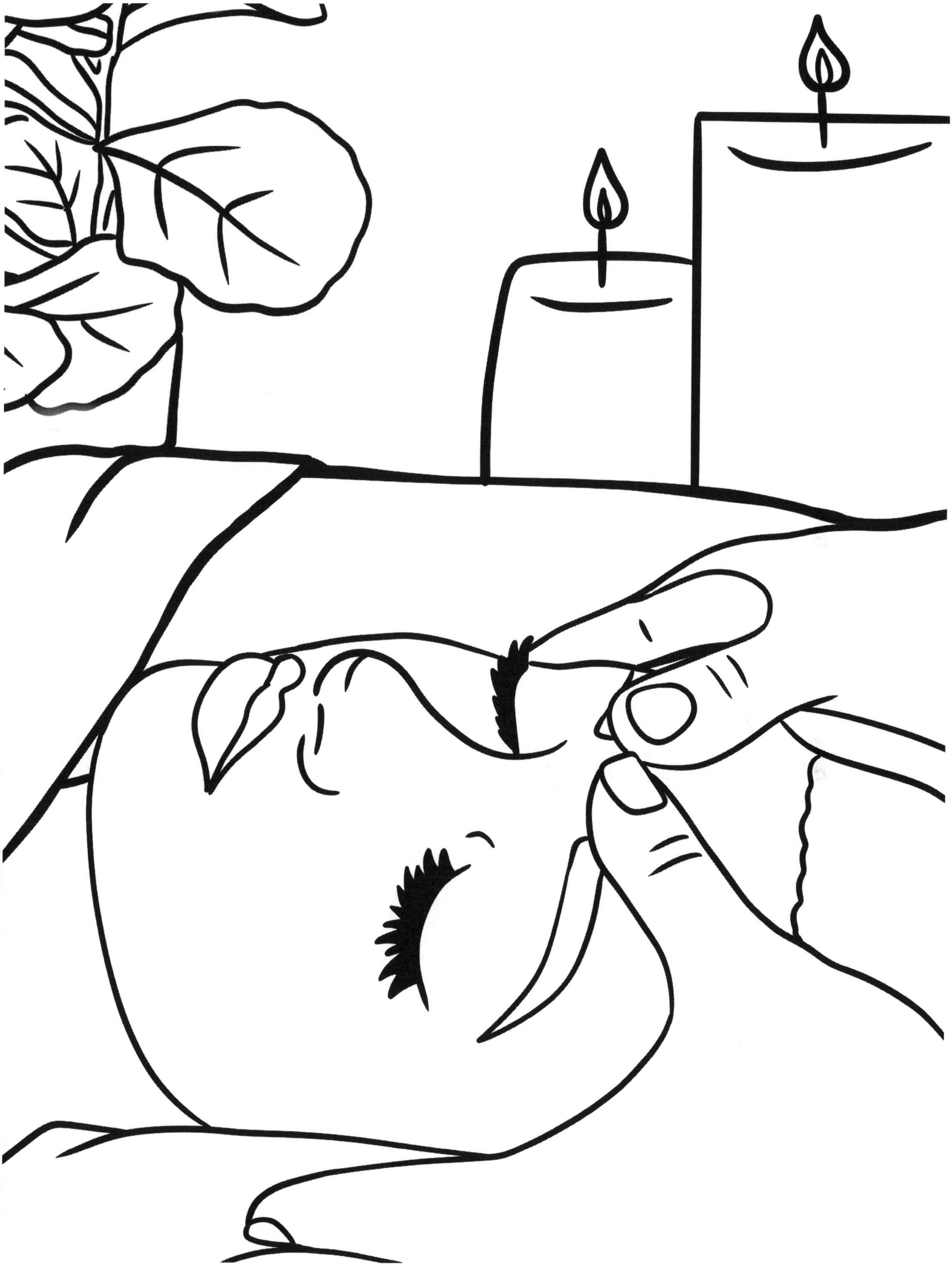

Answer Key

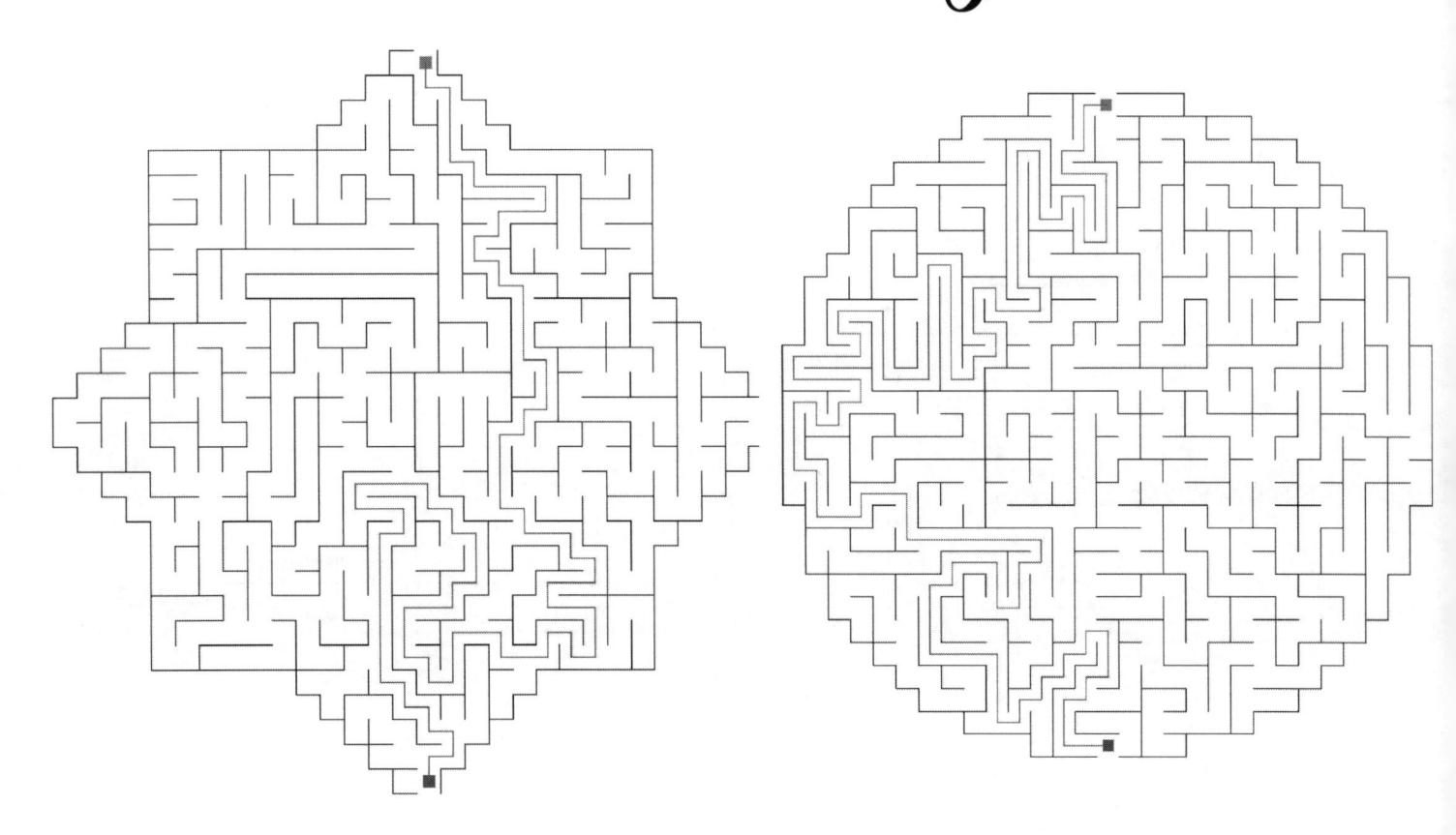

Solution

Unscramble the letters to solve the puzzle!

1. TRASIIFAMNFO   AFFIRMATIONS
2. ON GOSKMIN   NO SMOKING
3. ESREXIEC   EXERCISE
4. PYARTHE   THERAPY
5. COILAS   SOCIAL
6. HSCPLIAY   PHYSICAL
7. BAIEELLR   RELIABLE
8. EMOITLOAN   EMOTIONAL
9. NALERITN   INTERNAL
10. SICITAEVTI   ACTIVITIES
11. CINPGO   COPING
12. SLFE CERA   SELF CARE
13. ACNIFNLAI   FINANCIAL
14. AENLTM   MENTAL
15. AGOSL   GOALS
16. GWKALIN   WALKING
17. UHLAG   LAUGH
18. LUASTRIIP   SPIRITUAL
19. GMWIMNSI   SWIMMING
20. ELWNSESL   WELLNESS

Made in the USA
Middletown, DE
19 February 2022